Für Mama
von Herzen

... weil du immer für mich da bist.

... weil du so ein großes Herz hast.

... weil ich dich so lieb habe!

... weil du einfach die Beste bist!

Grafik Werkstatt Bielefeld

Danke ...

... weil du die
beste Zuhörerin,
Seelentrösterin,
Ratgeberin,
Freundin und
Mutter der Welt bist!

Von Herzen
alles Liebe
Mama
Thank you
Mutter
Zuhause
genießen
Für dich

HOME SWEET HOME

Die Mama
ist das Herzstück
eines Hauses:
Sie ist die Tür,
die für ihre Lieben
immer offen steht.
Sie ist das Fenster, durch
das die Sonne scheint.

Sie ist der Kamin,
der Wärme schenkt.
Sie ist das Dach,
das alle beschützt.
Wo Mama ist,
da ist der Ort, den
wir „Zuhause“ nennen.

Du bist ...

... mein größtes Vorbild,
die liebste Freundin und
ein wunderbarer Mensch:
Ich bin dein größter Fan!

WILLKOMMEN

Die Liebe
einer Mutter
ist die treibende Kraft,
die dich ermutigt,
die Welt zu erkunden,
und die dir gleichzeitig
das sichere Gefühl schenkt,
jederzeit wieder
heimkehren zu können.

Liebste Mama,

danke für dein offenes Ohr zu
jeder Tages- und Nachtzeit,
für deine Wärme,
Liebe und Geborgenheit!

MUTTER SEIN HEISST,

kleine Atemzüge hören und
leichte Herzschläge,
scharfäugig werden
wie ein Tier des Waldes
für alle Gefahren,
mutig sein im stillen ...

… wie kein lauter Mann in Waffen,
schaffen mit allem Blut,
das einem gegeben ist,
über sich hinauswachsen
in allen Fähigkeiten
des Wachens, Hungerns,
Liebens und Handelns,
vor allem aber sorgen.
Mutter sein heißt,
in Sorgen glücklich sein.

Jean-Jacques Rousseau

DAS BESTE IN MIR

Meine Mutter
hatte nichts
als Liebe;
das Beste in mir;
ich habe es von ihr.

Peter Rosegger

SO SIND MAMAS EBEN

Auch wenn wir es manchmal
nicht wahrhaben wollen,
aber Mama hat meistens recht.

Auch wenn es manchmal nervt,
aber Mama meint es immer gut.

Auch wenn es gar nicht sein muss,
aber Mama will nur unser Bestes.

Auch wenn wir es nicht
zugeben möchten,
aber Mama hat großen
Einfluss auf uns.

Auch wenn wir manchmal
sauer sind, aber auf Mama
würden wir doch nie
im Leben verzichten wollen.

Für dich …

… den liebsten Herzensgruß,
weil ich dank
deiner Fürsorge nach jedem
Regentag immer
wieder aufblühe.

LOVE
my
Mum

Danke,

dass dir immer ein
Plan B einfällt und
du zufällig immer
die Zutaten für mein
Lieblingsessen dahast!

Gemeinsam ...

... machen wir
die ganze Welt unsicher,
denn wir sind einfach
ein unschlagbares Team!

EIN SCHUTZ-ENGEL ...

... namens Mama:
Wenn wir geboren
werden, landen wir in den
Armen eines einzigartigen
Schutzengels, der uns
liebevoll in Watte packt,
auf Händen trägt, ...

... wie eine Löwen-
mutter beschützt,
mit Adlersaugen
bewacht und
von allem fernhält,
was uns schaden könnte.

GROSSES GLÜCK

Das große
Glück der Liebe
besteht darin,
Ruhe in einem
anderen Herzen
zu finden.

Julie-Jeanne-Eléonore
de Lespinasse

Liebe Mama,

ich denke es ganz oft,
aber ich sag es viel zu selten –
obwohl du doch verdient hättest,
es jeden Tag aufs Neue zu hören.
Denn wenn eines ganz gewiss ist,
dann dies: Du bist unersetzlich,
einmalig, unvergleichlich, ...

… einfach die alleraller beste Mama,
die man sich wünschen kann!
Ich bin so glücklich,
dich zu haben –
und das möchte ich dir von nun
an auch viel öfter sagen!

Im Herzen

Schön, dass es dich gibt!
Ohne dich würde jemand fehlen
auf dieser Erde.
Ich wünsche dir, dass du
dieses Wissen immer in
deinem Herzen bewegst
und jeden einzelnen
Atemzug genießen kannst.

AUFBLÜHEN

So wie eine Blume nur
auf gutem Boden blüht,
entfaltet sich ein Kind
nur mit einer
duften Mutter!

HERZENS-
SACHE

Ein liebevolles Herz
ist der Anfang
allen Verstehens.

Thomas Carlyle

LIEBEVOLLE ZUKUNFT

Alles, was ich bin
oder was ich hoffe
jemals zu werden,
verdanke ich
meiner Mutter.

Abraham Lincoln

Liebe Mama,
ich bin so froh,
dass es dich gibt!

Wir teilen unsere

größten Träume,
geheimsten Geheimnisse,
schrägsten Gedanken und
coolsten Erlebnisse.
Ich bin so froh,
dass es dich gibt!

MUTTER-
GLÜCK

Der schönste Tag
einer Mutter ist die Geburt
ihres Kindes.
Das schönste Geschenk
für eine Mutter
ist das Wohl ihres Kindes.
Der größte Stolz
einer Mutter sind
die Erfolge ihres Kindes.

Der größte Lichtblick
einer Mutter
ist die Zukunft ihres Kindes.
Der schönste Klang
für eine Mutter
ist das Lachen ihres Kindes –
denn das größte Glück
einer Mutter ist
das Glück ihres Kindes.

Mum
Mutti
Mutter

Drei Wünsche für dich:

Gesundheit, Glück, Erfolg –
und noch einen ganz
großen Herzenswunsch:
viel, viel Liebe!

LICHT-
BLICKE

Glück
strahlt
zurück,
wie das Licht
des Himmels.

Washington Irving

Kostbar

Danke, dass du immer
auf meiner Seite bist,
hinter mir stehst und
zu mir hältst, für mich da bist,
auf mich aufpasst und
an mich glaubst.
Du bist ein Schatz!

Idee, Konzept & Grafik:

Christin Bussemas

Bildnachweis:

Titel und Seiten: 3, 6, 10, 14, 19, 26, 33, 38, 42 und 46: Christin Bussemas; Seiten 20 und 23: © mauritius images; Seiten 9 und 45: Flora Press; Seite 34: © Flora Press / Oredia; Seiten 30 und 37: Saskia Becker

Textnachweis:

Seiten 2, 4, 5, 7, 8, 11, 16, 17, 18, 21, 22, 24, 28, 31, 32, 39, 40, 41, 43, 47: Kartini Diapari-Öngider

ISBN 978-3-86229-158-8
Inverkehrbringer: GW-Trading GmbH, Gütersloh

www.gwbi.de